지식똑똑 경제·리더십 탐구 이렇게 꾸몄습니다

1. 본문 내 **팁박스**의 정보 글은 초등 사회과 교육 과정 및 경제 교육 내용을 분석하여 교과서 연계 학습을 할 수 있도록 구성하였습니다.

2. **경제 공부방**과 **리더십 교실**은 본문 중에 나오는 여러 개념 및 이론에 관련된 지식과 정보를 사진 자료와 함께 더 깊고 쉽게 풀었습니다.

3. **권말 부록**은 본문에서 충분히 다루지 못한 내용과 각 권의 주제를 개괄적으로 설명하는 총론 성격의 지식 정보 페이지로 꾸몄습니다.

4. **어려운 용어**나 **낱말 뜻풀이**는 영어 또는 한자를 함께 나란히 표시하여 각 권의 주제는 물론 최대한 많은 학습 자료를 얻을 수 있게 하였습니다.

5. **맞춤법**과 **띄어쓰기**는 국립국어원에서 펴낸 〈표준국어대사전〉을 따랐습니다. 단, 일부 고유 명사와 복합 명사는 붙여쓰기를 허용하였습니다.

추천·감수 김종호

서울교육대학교를 마친 후 성균관대학교 경제학과를 졸업하고, 연세대학교와 경희대학교에서 경제학 석·박사 학위를 받았습니다. 현재 서울교육대학교 사회교육과 교수로 재직 중입니다. 저서로는 〈사고 중심의 경제학 강의〉, 〈생활 속의 경제학〉, 〈고등학교 경제 교과서〉, 〈초등 금융 소비생활〉, 〈초등 금융 교실〉 등이 있습니다.

추천·감수 이소희

숙명여자대학교 아동복지학과를 졸업하고, 동 대학원 아동복지학 석·박사 학위를 받았습니다. 한국부모교육학회 회장, 한국청소년복지학회 회장을 역임하였으며, 현재 아동연구소 소장, 숙명여자대학교 아동복지학과 교수로 재직 중입니다. 저서로는 〈아동복지학〉, 〈유아복지〉, 〈현대가족론〉, 〈그것은 아동학대예요〉 등이 있습니다.

글 김성훈

학습만화, 웹툰 등을 기획하고 시나리오를 쓰고 있습니다. 2007년부터 하나포스 〈엽기발랄 오피스걸〉의 기획 및 시나리오 진행을 맡았습니다(2008년 101화로 종결). 현재 어린이들이 쉽게 접근할 수 있는 이야기를 쓰는 데 힘쓰고 있습니다.

만화 파피루스

꼼꼼하고 재미있는 그림을 그리려고 노력하는 학습만화 전문 창작팀입니다. 작품으로는 〈Science 응용수학〉, 〈황금교실 위기탈출〉, 〈맨발의 기봉이〉, 〈Why? 갯벌〉, 〈Why? 파충류〉, 〈카트라이더 지구를 지켜라!〉 등이 있습니다.

정보 글 어린이경제신문

1998년에 만든 어린이를 위한 첫 경제신문입니다. 어린이들에게 쉽고 재미있는 경제 원리를 알려 주기 위해 매주 신문을 발행하고 있으며, 인터넷 사이트(www.econoi.co.kr)에 국내 최대의 어린이 경제 교육 관련 콘텐츠를 보유하고 있습니다.

이 책은 기존의 석유 잉크 대신 친환경 식물성 원료인 대두유 잉크로 인쇄하여 인체에 무해하며 눈에 부담을 주지 않습니다. 표지는 1.5배 이상 고가의 고급 용지인 드라이보드지를 사용하였습니다. 습기의 영향을 덜 받아 본문 용지가 잘 울지 않고, 모양이 뒤틀리지 않아 오랫동안 보존할 수 있습니다.

한국헤르만헤세의 도서 구입처에서 **무료교육센터 회원증**을 발급해 드립니다. 회원증을 가지고 무료교육센터에 오시면 대학교수 및 유·초등교사 자격증을 보유한 선생님으로부터 과목별 특강과 논술·독서법 등을 무료로 교육받으실 수 있고, 50여 종에 이르는 유아·아동 도서와 최첨단 시청각교육실, 다양한 놀이시설 등을 무료로 이용하실 수 있습니다. 무료교육센터는 현재 **분당점·부천점·노원점·영등포점·오산점·강동점** 등에서 운영 중이며, 전국 주요 도시 24곳으로 확대·운영할 예정입니다. 자세한 내용은 홈페이지를 참고해 주십시오.

지식똑똑 경제·리더십 탐구
경제 협력 23

총기획 및 발행인 박연환
발 행 처 (주)한국헤르만헤세
출 판 등 록 제17-354호
연구개발원 경기도 성남시 분당구 금곡동 444-148
대 표 전 화 (031)715-7722 팩스 (031)786-1100
본   사 서울특별시 송파구 석촌동 7-3
대 표 전 화 (02)470-7722 팩스 (02)470-8338
고 객 문 의 080-715-7722
기획·편집 장호철, 백영민, 김찬, 지수진, 김정희, 최영란
디 자 인 손현주, 김덕준, 김유아, 박미란, 도영선
사 진 제 공 연합포토, 이미지클릭, 조선포토, 중앙포토

ⓒ Korea Hermannhesse
이 책의 저작권은 (주)한국헤르만헤세에 있습니다. 본사의 동의나 허락 없이는 어떠한 방법으로도 내용이나 그림을 사용할 수 없습니다.
전42권 www.hermannhesse-book.co.kr

△주의 : 본 교재를 던지거나 떨어뜨리면 다칠 우려가 있으니 주의하십시오. 고온 다습한 장소나 직사광선이 닿는 장소에는 보관을 피해 주십시오.

지식똑똑 경제·리더십 탐구 23 　나라와 경제

경제 협력

추천·감수 김종호 | 글 김성훈 | 만화 파피루스

한국헤르만헤세

경제생활이란 무엇인가요?

　사람이 살아가기 위해서는 여러 가지 물자가 필요합니다. 사람이 살아가는 데 필요한 이러한 물자들을 재화라고 하지요. 이런 재화들은 모든 사람들이 원하는 만큼 무한정 존재하지는 않습니다. 그래서 사람들은 노동을 들여 재화를 생산하고 소득을 얻으며, 이 소득으로 재화를 구입하여 소비하면서 살아갑니다.

　이렇게 사람들이 필요한 재화를 생산하고 소비하면서 살아가는 생활을 경제생활이라고 합니다. 모든 사람들은 재화를 소비하지 않고는 살아갈 수가 없습니다. 따라서 경제생활은 사람이 살아가는 데 있어서 가장 중요하고 기본이 되는 생활이라고 할 수 있습니다.

왜 경제를 알아야 할까요?

　과학 기술이 발달한 오늘날에는 상품의 생산, 교환, 소비, 저축 방법 등이 아주 복잡해서 현명한 경제생활을 하기 위해서는 많은 경제 지식이 필요하게 되었답니다. 특히 어린이나 청소년들에게는 경제에 대한 지식도 중요하지만, 경제에 대한 올바른 태도를 갖게 하는 것이 장래를 위해 더욱 중요합니다.

　요즘에는 어린이들의 과소비, 청소년들의 명품 선호 등이 사회적으로 문제가 되고 있습니다. 이러한 소비 생활에 대한 가장 좋은 교육 방법은 어려서부터 경제에 관심을 갖게 하고, 생활 속에서 실천으로 이어질 수 있도록 하는 것입니다.

> 목걸이에 의해 이코마을의 후계자로 선택되어 인간 세계로 내려간 고수가 전 세계를 돌아다니며 경제협력을 배우는 이야기!

어떻게 경제를 공부해야 하나요?

　어린이들이 경제를 공부하는 방법은 학교에서 교과서를 공부하거나 수험생이 시험 공부하는 방법과는 달라야 합니다. **어린이들의 경제 공부는 어린이들이 현재 일상생활 속에서 맞게 되는 경제생활을 올바르게 하기 위한 것과 함께 장래 어른이 되어서도 현명한 경제생활을 할 수 있도록 준비하는 것이 되어야 합니다.** 또한 경제에 관한 한, 어떤 한 분야의 지식을 깊게 아는 것보다는 경제의 다양한 분야에 대한 폭넓은 상식을 갖는 것이 중요합니다.

　따라서 경제 공부는 경제에 대한 지식을 어느 날 하루에 머릿속에 넣는 것이 아니라, 경제에 관한 여러 분야를 흥미롭게 꾸준히 읽는 가운데서 많은 상식을 쌓아 나가는 것이 훨씬 효과적이랍니다. 또한 지식과 함께 태도와 실천이 중요한 것이 경제 공부의 특징이기도 하고요. 즉 '낭비하지 않고 절약하여 저축하는 것이 좋다.'라는 것을 알 뿐만 아니라 실제로 저축을 함으로써 재미를 느끼고 저축을 생활화하는 태도를 기르는 것이 더 중요하다는 말이지요.

　이 책은 경제 공부에 대한 이러한 원리를 바탕으로 하여 만들어졌답니다. 경제 활동의 핵심적인 분야를 다섯 부분으로 나누어 주제마다 재미있는 학습 만화로 구성하여 딱딱하고 어렵게 느낄 수 있는 경제 공부를 쉽고 재미있게 접근할 수 있도록 꾸몄습니다. 따라서 경제 공부를 시작하는 어린이들에게 이 책은 더없이 좋은 경제 길라잡이가 될 것입니다.

김종호 (경제학 박사, 서울교육대학교 사회교육과 교수)

*차례

- 06 | 프롤로그
- 08 | 첫 번째 관문
- 20 | 샤리 총리의 음모
- **32** _경제 공부방 | 고수의 일기_ 왜 여러 나라와 경제 협력을 할까?
- 34 | 니하오, 차이나
- 42 | 불의 마법을 획득하라
- 48 | 방귀쟁이 박사님
- 56 | 또 한 명의 후계자
- **64** _경제 공부방 | 경제 상식 노트
- 66 | 뉴욕에서 만난 사람
- 74 | 황소가 된 15장로
- 82 | 순간 이동 마법의 힘
- **88** _경제 공부방 | 여왕의 인터뷰_ 정치 협력 없는 경제 협력?
- 90 | 헝가리 소녀 아니타
- 96 | 프랑크푸르트의 시위대
- 104 | 목걸이를 빼앗기다
- **110** _경제 공부방 | 경제 상식 노트
- 112 | 감옥에 갇힌 여왕
- 120 | 이코 마을을 구하라!
- **130** _교과서 속 경제가 보여요

고수
이코 마을의 새로운 후계자.
기초적인 마법밖에 할 줄
모르지만 무한한 잠재력을
갖고 있다.
밝고 긍정적인 성격.

다래
마법 소녀.
고수를 돕기 위해 인간 세계로
함께 떠난다.
자신의 미모에 도취되면
변신이 가능하다.

*회수(回收) : 도로 거두어들임.

첫 번째 관문

| 경제 협력이란? |

나라끼리 경제적으로 협력하는 것을 경제 협력이라고 해요. 나라 간에 경제적인 교류를 통해 이익을 얻는 방법 중 가장 오래되고 중요한 방식은 무역이에요.
세계 각 나라는 무역을 통해 재화를 자유롭게 이동시키며 서로 협력하고 있답니다.

대한민국 제1의 항만, 부산

부산항은 대한민국 제1의 항구 도시예요. 한반도 남동쪽 끝에 자리 잡고 있기 때문에, 아시아 대륙과 태평양을 잇는 관문 역할을 하고 있어요. 그래서 부산항은 한국의 경제뿐만 아니라 세계의 경제 협력에도 아주 큰 역할을 하고 있답니다.
또 부산은 한국의 컨테이너 화물의 80% 이상, 총 해상 수출 화물의 40% 이상을 처리하는 컨테이너 항만이기도 하지요.

무역과 컨테이너 박스

컨테이너(container)는 쇠로 만들어진 큰 상자예요. 짐 꾸리기가 편하고 운반이 쉬울 뿐만 아니라 안에 들어 있는 화물이 잘 보호되기 때문에 화물 수송에 주로 쓰이지요. 트럭에 트레일러를 연결하고, 그 위에 컨테이너 박스를 올린 후 선박 가까이 가져가면, 크레인이 트레일러를 통째로 들어 올려 선박으로 옮기지요.

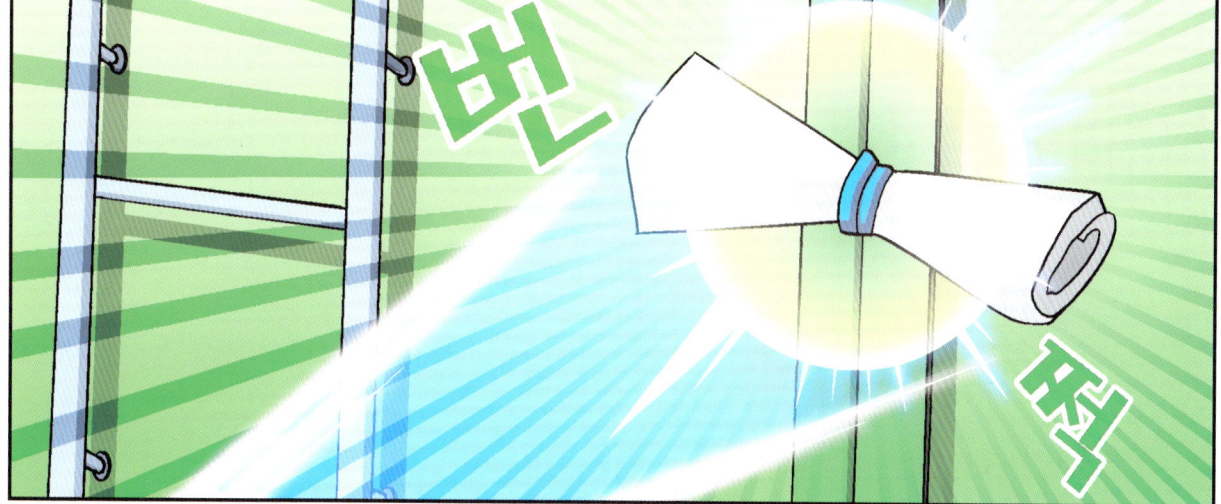

*전수(傳授): 기술이나 지식 따위를 전하여 줌.

샤리 총리의 음모

한국 수출입 은행

한국 수출입 은행은 국제 거래를 지원하는 핵심 은행이며, 수출입 해외 투자 전문 은행이에요. 수출을 지원하고, 해외 투자 및 자원 개발에 필요한 자금을 지원하는 일을 주로 하는데, 긴 기간 동안 싼 이자로 필요한 자금을 지원하지요. 2003년부터는 북한의 조선 무역 은행과 함께 남북 간 교류에서 발생하는 자금의 결제를 담당할 은행으로 지정되었답니다.

*자유자재(自由自在): 거침없이 자기 마음대로 할 수 있음.

*석권(席卷 / 席捲): 돗자리를 만다는 뜻으로, 빠른 기세로 영토를 휩쓸거나 세력 범위를 넓힘을 이르는 말.

한국 경제 협력의 시작

한국이 독자적으로 경제 협력을 시작한 것은 해방 후 개방 경제 시대가 된 이후랍니다.
1960년대에 본격적으로 시작한 수출 주도형 경제 개발에 따라 본격적으로 무역을 시작했어요.
한편 경제 협력을 위한 자본의 협력도 이 시기에 활발하게 진행되었는데, 1965년 한일 국교 정상화와 1966년 외자 도입법 실시를 계기로 급격히 확대되었지요.
그런데 이 시기에 활발히 진행된 수출 주도형 경제 개발은 복지와 부를 나누어 갖는 과정에서 노동자와 사업주 간에 많은 갈등을 낳기도 했답니다.

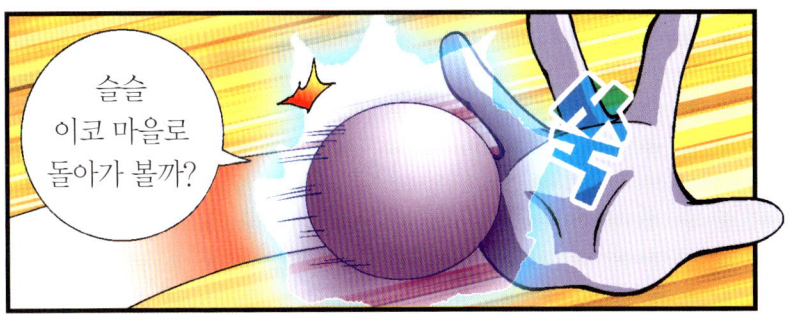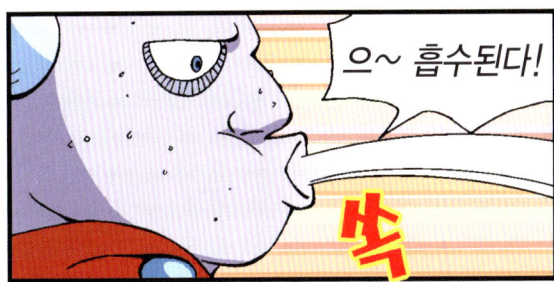

경제 공부방 ❶

고수의 일기 왜 여러 나라와 경제 협력을 할까?

8월 1일 토요일 맑음

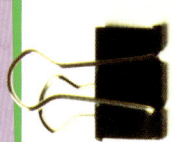

세계 각 나라에 흩어져 있는 이코페이퍼를 회수하기 위해 여행을 떠난 지 한 달째다. 처음 들르게 된 한국은 수출 주도형 나라로, 중동과 일본, 미국을 비롯해 세계의 많은 나라들과 경제 협력을 하고 있었다.
그런데 한국은 너무 많은 나라들과 관계를 맺고 있는 것 같다. 내 생각에 그중 몇몇 나라는 경제 협력을 해도 한국에 별로 큰 도움이 되지 않을 것 같은데…. 경제 발전에 도움이 되는 나라들하고만 경제 협력을 하면 안 될까?
왜 한국은 이렇게 많은 나라들과 경제 협력을 하고 있는 걸까?

경제 협력을 하는 이유

01
경제 발전
협력과 교류를 통해 함께 잘살게 되지요.

02
경제 위기 극복
나라가 위기에 빠졌을 때 도움을 받을 수 있어요.

03
평화와 공동 번영
경제 협력을 통해 사이가 좋지 않은 나라와 관계를 개선해요.

04
국제 문제 공조
나라 간 갈등, 환경 문제 등 세계 공통의 문제를 협력해요.

세계 많은 나라 간의 관계는 그물망처럼 연결되어 있어요. 이 그물은 가로 세로로 촘촘히 엮여 있어 어느 한쪽이 엉키거나 찢어지면 전체에 영향을 미친답니다.

따라서 복잡하고 예민하게 엮여 있는 국제 관계 속에서 현재 도움이 되는 나라하고만 협력을 하는 것은 현명하지 못하며, 가능한 일도 아니에요. 지금 당장은 직접적인 연관이 없다고 하더라도 언젠가는 어떤 부분에서든 영향을 받게 마련이거든요.

▲ 인천 국제공항에서 일본 나고야로 가는 항공기에 실리는 기계 설비 부품

또 나라 간 감정이 좋지 않다고 해서 경제 협력을 중단하거나 이미 합의한 약속을 어기는 행동을 해서도 안 돼요. 정치적인 문제를 경제 협력 관계에 끌어들여 영향을 미치거나, 어떤 이유로든 합의된 내용을 뒤집게 되면 약속을 지키지 않는 나라라는 인상을 주게 되어 국제적인 신뢰도가 하락할 수 있거든요.

대한민국과 일본이 독도 영유권 분쟁에 관련된 문제나 과거 청산 문제로 연일 신경전을 벌이면서도 경제 협력을 중단하지 않는 것도 같은 이유 때문이지요.

▲ ASEM(아시아·유럽 정상 회의)에 참석한 각국 정상들

사람이 혼자 살 수 없는 것처럼 국가도 혼자서는 존재할 수 없어요. 국제 교류의 확대로 전 세계가 하나가 되어 가는 현대 사회에서는 특히 상호 간 협력이 중요하지요.

그렇기 때문에 당장의 이익에만 눈을 돌릴 것이 아니라, 신중한 태도를 갖고 꾸준하게 경제 협력을 해 나가야 한답니다.

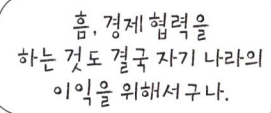

▲ 국제 기아 문제도 함께 힘을 모아 해결해요.

니하오*, 차이나

*니하오(你好) : 중국어로 '안녕' 이라는 말.

중국은 세계의 공장이자 세계의 시장

중국은 경제를 개방한 후, 풍부한 노동력을 이용해 전 세계 제조업 공장을 유치했어요. 미국, 일본, 한국, 그리고 서방 선진국들이 너도나도 중국에 생산 공장을 세우기 시작한 것은 중국의 낮은 인건비와 파격적인 경제 지원을 이용해 생산 비용을 줄이기 위해서였지요. 그 결과 중국은 전 세계에서 판매되는 대량의 소비 제품을 생산하는 세계의 공장 역할을 하게 되었답니다.

경제가 발전하고 소득 수준이 높아진 최근에는 수출뿐만 아니라 수입도 빠르게 늘고 있어요. 인구가 10억이 넘는 중국은 그야말로 거대한 시장이거든요. 경제 전문가들은 중국이 미국을 능가하는 세계 최대의 소비 시장이 될 것으로 내다보고 있어요.

중국 경제의 특징

중국이 경제 발전의 주요 목표로 삼고 있는 것은 넓은 땅과 풍부한 인적·물적 자원을 활용하여 국민의 생활수준을 향상시키는 것이에요. 나아가 국제적 지위를 높임으로써 정치·경제면에서 예전에 누렸던 영화를 되찾으려는 것이지요. 그래서 중국 정부는 지난 40년 동안 중국 특유의 사회주의 방식에 따른 현대화를 계획했으며, 경제를 개조하고 발전시키기 위해 여러 가지 정책을 시행해 왔어요.

중국 경제의 특징은 다음과 같아요.

✚ 중국식 사회주의 경제예요.

✚ 공업 지향적 농업국이에요.

✚ 정치와 경제의 긴밀한 관계를 중심으로 정책을 시행해요.

✚ 과감한 경제 개혁과 대외 개방을 추진해요.

> 중국의 경제는 빠르게 성장하고 있지만 아직 삶의 질 지수가 낮고, 도시와 농촌 간의 소득 차이가 커.

중국 경제의 꽃, 상하이

중국은 세계 경제의 중심축으로 성장하고 있어요. 특히 중국을 대표하는 경제 도시인 상하이는 우리가 생각하는 것보다 훨씬 더 빠르게 발전하고 있지요.
전 세계 다국적 기업의 3분의 1이상이 상하이를 아시아 진출 기지로 삼고 활동하고 있어요.
상하이 세계 금융 센터는 상하이를 아시아 태평양 지역의 '금융 허브*'로 만들기 위한 터전이에요. 상하이 푸둥 신구에 492m 높이로 지어져 중국에서 가장 높은 건물이 되었지요. 맨 위층에 있는 스카이라운지는 상하이 전 지역을 볼 수 있는 관광 명소이기도 하답니다.

▲ 상하이 세계 금융 센터의 전망대

*금융 허브 : 세계의 금융 기관을 집중시켜 금융 거래 및 결제가 대량으로 신속하게 이루어 질 수 있는 지역을 말해요. 대표적인 지역으로 뉴욕과 런던이 있어요.

불의 마법을 획득하라

한국과 중국의 경제 협력

한국과 중국 간의 무역은 1970년대 후반부터 시작되었어요. 하지만 법적으로 보호를 받으며 경제 협력이 본격적으로 진행된 것은 1992년 수교 이후부터이지요.

한-중 무역액은 1990년대 초에 약 60억 달러였으나, 2007년에는 1,700억 달러에 달했을 정도로 놀랍게 발전했어요.

이는 두 나라 국민들이 빈번하게 왕래하여 우호적인 관계를 유지하고 발전시켰을 뿐만 아니라, 한국이 첨단 제품과 관련된 부품을 중국에 수출하고, 동시에 중국에서 생산한 제품을 다시 국내로 들여와 판매함으로써 상호 보완적인 무역 활동을 펼친 덕분이에요.

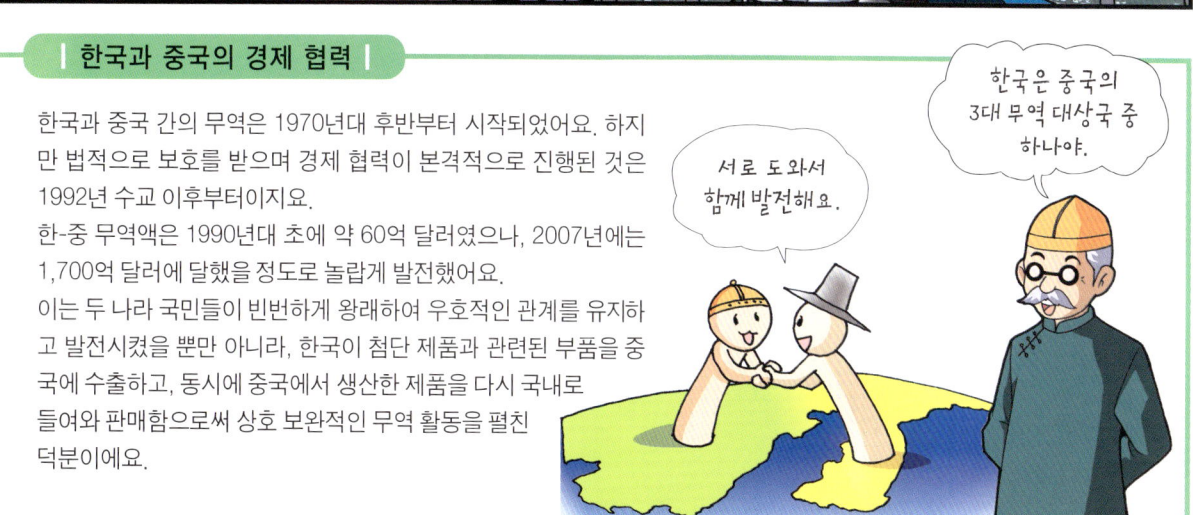

방귀쟁이 박사님

세계의 도시로 발돋움하는 도쿄

도쿄는 2009년 기준으로 인구 1280만 명이 살고 있는 일본 최대의 도시예요.
주요 제조업, 무역업, 각종 서비스업이 집중되어 있으며, 아시아와 세계 경제 협력에 중요한 역할을 하고 있지요.
한 조사에서는 2020년 도시 경제 규모 예측 순위에서 뉴욕과 런던 등을 제치고 도쿄가 1위를 차지하기도 했답니다.

＊윈도쇼핑(window-shopping) : 상점이나 백화점 따위를 돌아다니며 물건을 사지는 않고 진열된 것들을 구경만 하는 일.

장인 정신이 이루어 낸 제조업 강국

일본 제조업의 성공은 '모노쓰쿠리'라는 일본의 장인 정신으로 설명할 수 있어요. 모노쓰쿠리는 '제조'라는 뜻인데 '최선을 다해 최고의 제품을 만든다.'라는 의미를 담고 있지요. 모노쓰쿠리 정신을 제조 공정에 반영하여 실수를 최소화하였으며, 이로써 질이 우수한 상품을 만들 수 있었어요. 특히 자동차 제조 부문에서 물 흐르듯 자연스럽게 돌아가는 공정은 모노쓰쿠리 정신이 가장 잘 구현된 예라고 할 수 있지요.

돈을 부르는 복 고양이, 마네키네코

'마네키네코'는 초청한다는 뜻의 '마네키'와 고양이란 뜻의 '네코'가 합쳐져 만들어진 말이에요. 마네키네코는 마치 무언가를 부르는 것처럼 손을 흔들고 있는 모습이에요.

일본에는 고양이에 대한 설화가 많고, 거리 곳곳에서도 고양이를 흔히 볼 수 있어요. 일본인들은 고양이를 복을 부르는 신령스러운 동물로 여기며 애완동물로도 많이 키운답니다.

일본의 상점에 들어서면 거의 어김없이 마네키네코가 손님을 맞이해요. 마네키네코로 인해 돈을 많이 벌 수 있다고 믿고 있기 때문이지요. 경제란 심리학이란 말이 있듯이, 일본 경제에서 마네키네코가 차지하고 있는 효과는 작지 않답니다.

▲ 일본인의 사랑을 듬뿍 받고 있는 복 고양이, 마네키네코

또 한 명의 후계자

한일 경제 협력의 그림자

일본은 한국의 10대 무역 대상국 중 3위를 차지하고 있는 나라예요. 그런데 한국은 일본과 무역을 하며 단 한 번도 흑자를 기록하지 못했으며, 2008년에는 적자의 규모가 328억 달러에 이르고 말았답니다. 한국은 수출 주력 품목의 핵심 소재와 부품을 전부 일본에서 수입해야 하기 때문에 당분간 대일 무역 수지 적자가 지속될 수밖에 없다고 해요.

한국이 일본으로 수출하는 주요 제품	일본이 한국으로 수출하는 주요 제품
✚ 석유 제품 ✚ 평판 디스플레이 및 센서	✚ 반도체 및 반도체 제조용 장비 ✚ 철강판

한국과 일본의 투자 현황

과거 식민지 역사 때문에 한일 간 경제 협력에는 많은 제약이 있었어요. 하지만 1993년에 대외 협력 위원회가 '앞으로 일본과의 경제 관계는 정치가 아닌 경제 논리로서 풀어 간다.'라는 기본 방침을 발표함에 따라, 양국의 활발한 경제 협력과 투자가 물꼬를 트게 되었지요. 게다가 1997년 금융 위기를 맞은 한국은 외자 도입을 위해 일본에게 '한일 투자 협정'을 제안했고, 긴 협의를 거쳐 2002년 3월, 협정문에 서명했답니다. 이후 자동차, 전자, 유통 등 일본 기업의 한국 진출이 늘어났으며, 물류, 게임 등 한국 기업의 일본 진출도 진행되고 있지요.

한일 간 경제 협력은 한국이 일본을 따라가던 예전의 형태에서 벗어나 이제는 서로 경쟁하는 형태로 바뀌었어요. 하지만 무역 수지 면에서 볼 때, 한국은 (   )라는 문제점을 안고 있지요. (   )의 원인은 '핵심 부품 소재 부문'에서 일본이 한국보다 월등히 뛰어난 기술을 가지고 있다는 데 있어요. 이 때문에 한국은 제품 생산을 위해 많은 부품을 일본에서 수입해야 한답니다. 그런데 이렇게 일방적으로 한 나라의 적자 무역이 계속되는 것은 나라 간 경제 협력에 나쁜 영향을 끼치게 돼요. 따라서 일본은 핵심 부품 소재 산업에서 좀 더 한국에 투자를 하고, 한국은 적극적인 투자와 일본과의 기술 제휴를 통해 핵심 부품 소재 산업을 더욱 키워 나가야 해요. 그래야 한일 양국이 함께 발전할 수 있답니다.

(   )에 들어갈 말은 무엇일까요? 불의 마법을 이용하세요.

경제 공부방 ❷

꼼꼼 따져 보면 쑥쑥 자라는 **경제 상식 노트**

우리나라와 북한의 경제 협력

▲ 북한의 개성에서 열린 남북 경제 협력 협의 사무소 개소식

남한과 북한은 같은 민족이지만 50년 넘게 서로 갈라진 채 휴전 상태에 있어요. 국제 관계와 국내 정세의 변화에 따라 전쟁 위험이 제기될 정도로 나빠지기도 했지만 꾸준한 노력을 통해 서로 협력하고 있어요. 특히 2000년 9월 남북 정상 회담 이후에는 회담 결과에 따라 남북의 경제 문제를 협력할 목적으로 '남북 경제 협력 추진 위원회'를 만들기도 했어요. 개성 공단을 건설하고 경의선을 연결하는 등 많은 사업을 추진했지요. 남한은 경공업 생산품을, 북한은 지하자원을 서로 교환하기로 합의하기도 했답니다. 남북 경제 협력은 남과 북 양쪽 모두에게 경제적으로 도움이 되기 때문에 지속적으로 추진할 필요가 있어요.

경제 협력의 시작은 기술 협력

기술 협력은 산업 발전의 주춧돌이야.

▲ 닛산의 친환경 자동차 피보 설명회

경제 협력은 기술 협력으로부터 시작한다는 말이 있어요. 기술 협력은 한 나라의 연구원이 기술이 발달된 외국에 나가 기술을 배우는 것을 말해요. 예를 들어 우리나라 자동차 산업이 발달하기 전에는 연구원들이 자동차 생산의 강국인 미국이나 일본에 가서 기술을 배웠어요. 기술을 배워 다시 돌아온 연구원들은 국내 자동차 산업이 발전할 수 있는 든든한 기반이 되었답니다. 이제는 자동차 강국이 된 우리나라에 중국이나 이집트 등 많은 나라에서 기술을 배우러 온답니다. 매년 열리는 일본 유명 자동차 회사인 닛산의 선진 기술 설명회에는 세계 여러 나라에서 많은 연구원들이 참가를 하곤 한대요.

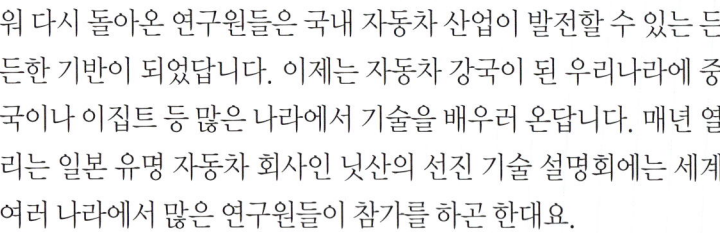

경제와 정치는 따로 생각할 수 없어요

▲ 아프리카 수단의 서쪽 끝 지역 다르푸르에서 발생한 내전에 대한 항의 시위

나라 간에 경제 협력을 하기 위해서 가장 먼저 해결되어야 할 것은 전쟁이 없는 평화적인 사회가 되어야 한다는 거예요. 만약 두 나라가 경제 협력을 하려는데 어느 한 쪽이 정치적으로 불안하여 내전이나 전쟁을 벌이고 있다면 원활한 경제 협력이 이루어질 수 없겠지요. 그 다음 경제 협력의 조건은 민주주의가 올바르게 정착된 사회여야 한다는 거예요. 민주주의가 제대로 자리 잡지 못한 나라는 집권 세력이 바뀔 때나 국가에 소요 사태가 일어날 경우 경제적으로 위태로워질 수 있기 때문이지요. 이처럼 경제와 정치는 서로 뗄 수 없는 불가분의 관계랍니다.

> 그래서 정치적으로 안정된 나라들이 잘사는 거구나.

가장 경제 협력을 맺고 싶은 나라는 중국?

세계 대다수의 나라가 긴밀한 협력 관계를 갖고 싶어 하는 나라는 중국이라고 해요.

그 첫 번째 이유는 커다란 땅덩어리를 갖고 있어 각종 천연자원과 원재료가 풍부하기 때문이에요. 다른 나라의 부족한 자원을 보충해 줄 수 있을 정도이지요.

▲ 도시 전체가 하나의 커다란 도매 상가인 중국 저장 성 이우

두 번째 이유는 인구가 많다는 거예요. 그렇다 보니 각 나라가 생산해 낸 상품을 거뜬히 소비할 수 있는 거대한 시장을 갖고 있지요. 세 번째, 인건비가 싸다는 장점이 있어요. 중국은 다른 나라에 비해 상대적으로 싸면서도 질이 좋은 노동력을 보유하고 있어요. 거대한 세계의 공장이자 세계의 시장이 되고 있는 중국의 인기가 높은 이유를 알겠지요?

> 우리나라도 중국과 무역량이 많아.

뉴욕 증권 거래소

전 세계에서 가장 큰 증권 거래소예요. 세계 경제의 중심지라는 뉴욕에 자리를 잡고 세계 증권 시장의 흐름을 주도하고 있지요.
1817년에 증권을 사고파는 24명의 중개인이 월 가에 모여 만든 '뉴욕 증권 거래 위원회'에서 출발했어요. '뉴욕 증권 거래소'라는 이름으로 바뀐 것은 1863년부터예요. 미국 기업뿐만 아니라 많은 외국 기업들이 상장하여 기업에 필요한 자금을 마련하고 있는 뉴욕 증권 거래소는 세계 경제 협력의 메카라고 할 수 있답니다.

▲ 뉴욕 증권 거래소

월 가의 황소상

뉴욕의 월 가에는 유명한 황소상이 있어요. 황소는 주식 투자를 낙관적으로 보는 사람을 의미한다고 해요. 주가가 오를 것으로 보기 때문에 적극적으로 주식을 매입하며 저돌적으로 주식 시장에 개입하지요. 반대로 주식 투자를 비관적으로 보는 사람들은 곰에 비유된답니다. 주가가 떨어질 것으로 보기 때문에 거래가 부진하거나 약세 시장에 주식을 내다 파는 것이지요. 결국 황소상은 주가가 오르기를 바라는 투자자들의 희망을 담고 있다고 할 수 있어요.

황소는 공격적이고, 곰은 느리니까.

황소가 된 15장로

서브프라임 모기지

2008년 하반기부터 불어닥친 금융 위기는 미국의 '서브프라임 모기지', 즉 '비우량 주택 담보 대출'에서 비롯되었다고 해요. 집을 사려는 사람이 신용 상태가 나쁘더라도 집을 담보로 돈을 빌려 주는 상품이에요. 경기가 침체되어 부동산 가격이 떨어지면 주택 자금을 빌린 사람들이 돈을 갚지 못하게 되어 은행도 큰 곤란을 겪게 되지요.

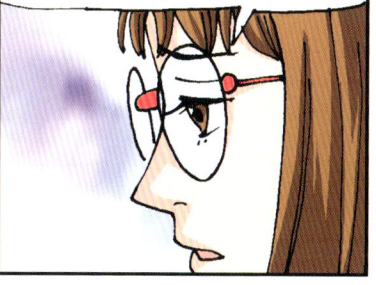

미국발 경제 위기의 극복 방법	
 ✚ 미국 정부 : 부실 투자 은행 지원	 ✚ 부실 투자 은행 : 뼈를 깎는 구조 조정
 ✚ 각국 정부 : 건실한 경제 구조 구축	 ✚ 투자자 : 건전한 투자 지향, 투기 지양

미국에서 시작된 경제 위기와 한국 경제

미국은 일본, 중국과 함께 한국의 주요 무역 대상국이에요. 경제 협력 규모가 큰 경우, 상대 국가의 경제가 잘 돌아갈 때는 장점이 되지만, 상대 국가가 위기를 겪을 때는 함께 어려워질 수 있다는 약점도 가지고 있지요. 따라서 경제 위기에서 버텨 낼 힘을 평소에 길러 두어야 한답니다.

+ 튼실한 대기업을 바탕으로 경쟁력 있는 중소기업을 육성해요.

+ 유럽, 브릭스(브라질·인도·러시아·중국) 등으로 경제 협력의 시장을 넓혀 나가요.

+ 외환 보유고를 높이고 환율을 안정시키는 등 금융 구조를 탄탄하게 만들어요.

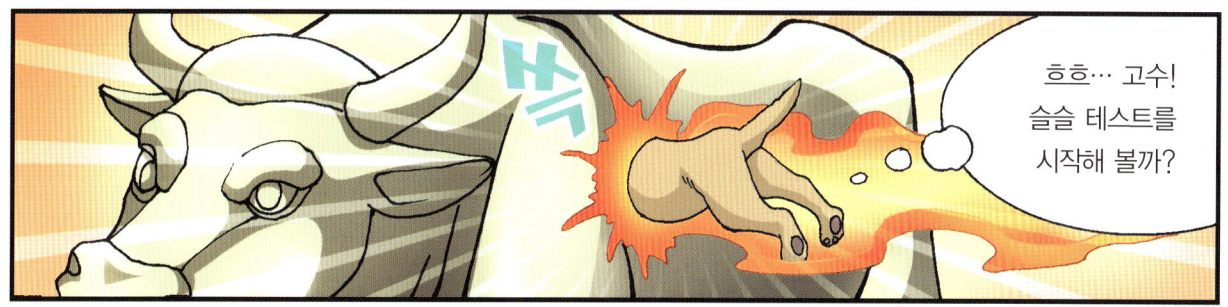

순간 이동 마법의 힘

"혹시?"

"헉, 이런! 이코페이퍼가 들어 있는 책을 놓고 변신해 버렸잖아."

"그렇다면… 이 황금색 책이 이코페이퍼?"

"어서 열어 보자!"

"하하하, 또 내 힘으로 열어야 되는 거겠지."

"어라… 그냥 펼쳐지는데…."

"쩝~ 그래?"

한국과 미국의 경제 협력

한국은 미국에 주로 자동차, 반도체, 무선 통신 기계 등을 수출하고, 미국은 한국에 농·축산물, 반도체, 반도체 제조용 장비 등을 수출하면서 경제 협력을 하고 있어요. 한국은 미국에 무역 흑자를 기록하고 있는데, 이 중 자동차 수출 부문이 큰 몫을 차지해요. 한국이 미국에 수출하는 자동차는 연간 60만 대 정도인데, 미국의 자동차가 한국에 수출되는 양은 그 1/100 정도밖에 안 되거든요. 반면 미국의 농·축산물은 기업형 대량 생산 체제로 인해 막대한 양을 싼 값에 팔 수 있어요. 그래서 한국과 미국이 FTA를 타결했을 때, 한국의 농·축산업 종사자들이 거세게 반발하기도 했지요.

나라 간 상품의 자유로운 이동을 위해 무역 장벽을 제거하는 협정을 ( )라고 해요. 이 협정을 맺은 나라끼리 수출 및 수입을 할 때는 관세를 없애거나 부과하더라도 낮은 관세를 부과하기 때문에 시장이 크게 확대되어 무역이 활발해져요. 반면 협정 상대에 비해 경쟁력이 낮은 산업은 어려움을 겪을 수도 있지요. 한국과 미국은 2008년 4월에 한미 ( )를 체결하고 국회의 비준을 준비하고 있어요.

( ) 안에 들어갈 말은 무엇일까요? 순간 이동 마법을 이용하세요.

힘의 마법 획득.
힘의 마법으로 '유럽 경제 협력' 상식을 획득하라.

경제 공부방 ❸

똑똑 어린이 경제 신문

북한 미사일 발사로 남북 경제 협력 중단

최근에 북한에서는 새로 개발한 미사일을 발사했습니다. 같은 민족으로서 통일을 지향하며 경제 협력을 해 왔던 남한은 이에 반발하며 지금까지 해 왔던 경제 협력을 전면 중단하겠다고 선언했습니다. 이 때문에 인간계의 경제 협력을 주관하는 이코 마을에도 비상이 걸렸습니다. 남한과 북한은 최근 10여 년간 경제 협력을 통해 서로의 마음을 열고 가까워지고 있었는데, 이번 사태로 지금까지의 노력이 물거품이 될 위기에 놓였습니다. 본지의 핑요 기자가 이코 마을의 여왕님과 인터뷰를 통해 이 문제에 관한 대책을 알아보았습니다.

여왕의 인터뷰 정치 협력 없는 경제 협력?

여왕님, 현재 급박하게 상황이 전개되고 있는데요. 남한과 북한의 주장은 무엇인가요?

경제 협력을 하고 있기는 하지만 아직 군사적 긴장이 사라지지 않은 상황에서 미사일을 발사했으니 북한이 원인 제공을 했다고 볼 수 있죠.

북한은 자기 나라가 보유한 기술력을 세계에 알려 수출을 늘릴 목적이었다고 해요. 하지만 남한은 한반도의 평화를 해치는 행동이라고 말하고 있고요.

아, 그러면 남한의 경제 협력 중단 조치는 정당한 거라는 말씀이시네요.

꼭 그렇지는 않아요. 정치와 경제는 떼어 놓고 생각할 수 없는 문제이지만 지금까지 쌓아 온 성과가 사라져 버리면 결국 남북한 모두 손해거든요.

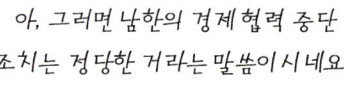

여왕님은 어떻게 생각하세요? 남한과 북한 어느 쪽의 잘못이 더 큰가요?

저도 걱정이네요. 정치와 경제, 어떤 문제를 먼저 풀어야 할까요? 정치 협력 없는 경제 협력이 가능한 것일까요?

> 그동안 북한과 경제 협력이 잘되어서 통일도 머지않아 이뤄질 거라고 생각했는데. 역시 정치적으로 먼저 협력이 잘되어야 경제 협력도 가능한가 봐.

> 꼭 그런 것만은 아니야. 반대로 경제 협력을 하다 보면 서로 신뢰가 쌓이게 되어서 정치적으로도 좋은 성과를 거둘 수 있지 않을까? 독일도 그런 과정을 거쳐서 통일을 하게 된 거잖아.

> 하지만 독일과는 달라. 북한은 아직 정치적으로 폐쇄적인데, 경제 협력을 하는 것이 과연 의미가 있을까? 만약 경제 협력을 한다고 해도 그런 활동이 정치적으로 보장되지 않는다면 오래갈 수 없을 거야.

> 네 말대로 경제 협력을 하는데 정치가 큰 영향을 미치기는 해. 하지만 반드시 어떤 것이 먼저라고 말할 수는 없어. 오히려 정치 문제로 접근하기보다는 경제적으로 서로 협력하다 보면 어려운 문제도 쉽게 풀 수 있지 않을까?

정치와 경제의 균형 있는 협력

우리처럼 분단 국가였던 독일은 분단된 지 45년 만인 1990년에 통일을 했어요. 서독과 동독은 1972년부터 1987년까지 약 15년간 무려 34번의 협상을 통해 기술, 문화, 환경 등에 관한 협력 방안을 논의했으며, 민간인들도 경제적인 교류를 이어갔지요. 이러한 과정들이 있었기 때문에 통일이 가능했던 거예요. 남한과 북한이 통일을 하기 위해서는 경제적인 협력과 정치적인 협력이 균형 있게 이루어져야 하는 것이 사실이에요. 정치와 경제는 서로 큰 영향을 끼치거든요. 하지만 정치적인 돌발 상황이 발생하더라도 경제 협력을 멈춰서는 안 돼요. 60년 넘게 대립해 온 남북한이 갑자기 모든 것을 양보하고 화해를 한다는 것도 어렵고, 한반도를 둘러싼 국제 정세와 양국의 정치 상황도 매우 복잡하거든요. 서로에게 신뢰를 갖고 지속적인 경제 협력 활동을 한다면 우리가 바라는 통일도 그다지 멀리 있지는 않을 거예요.

> 남한의 자본과 기술, 북한의 자원과 노동력이 결합한다면 정말 멋질 거야.

헝가리 소녀 아니타

독일 프랑크푸르트의 유럽 중앙은행

유럽 통화 동맹(EMU)

유로화는 1999년 1월 1일에 탄생했고, 실제로 화폐로서 사용된 것은 2002년부터예요. 유로화가 등장한 후 10년간 전 세계 경제는 많은 변화를 겪었어요. 단일 유로화를 사용하는 유럽 통화 동맹(European Monetary Union) 소속 국가는 현재 15개국, 인구는 3억 2,000만 명이나 되어요. 각기 다른 화폐를 사용하던 다양한 국가가 단일 화폐를 사용한다는 것은 큰 실험이었어요. 그래서 유로화가 처음 탄생했을 때 대부분의 전문가들은 유로화가 그다지 오래가지 못할 것이라고 했지요. 하지만 현재 유로화는 미국 달러에 이어 전 세계 중앙은행들의 2위 외환 보유액 화폐가 되었답니다. 아직 유럽 통화 동맹에 가입하지 않은 많은 국가들도 EMU에 가입하고 싶어 하지요.

유럽 연합 경제의 시작

유럽 경제 통합의 역사는 제2차 세계 대전이 끝난 직후로 거슬러 올라가야 해요. 전쟁 후 유럽 각국은 끔찍한 전쟁이 다시는 일어나서는 안 된다고 생각하고, 그 방법에 대해 고민했어요. 그러다가 유럽 각국이 경제적으로 끈끈하게 연결되어 있어야 전쟁이 일어나지 않을 거라고 판단했지요. 그 일환으로 프랑스는 제2차 세계 대전 패전국인 독일과 손을 잡고 베네룩스 3국(벨기에, 네덜란드, 룩셈부르크)과 함께 1951년에 '유럽 석탄 공동체(ECSC)'를 구성하게 되었지요. 바로 이 공동체가 현재 27개 나라 연합으로 발전한 '유럽 연합(EU)'의 시초랍니다.

▲ 벨기에 브뤼셀에 있는 유럽 연합 본부

프랑크푸르트의 시위대

동유럽 경제 위기의 원인

동유럽 국가들이 서유럽과 본격적으로 경제 협력을 시작한 것은 1991년 소련이 몰락한 이후였어요.
그동안 소련의 그늘 아래에서 낙후되어 있던 동유럽 국가들은 경제를 살리기 위해 서유럽의 돈이 필요했고, 서유럽도 새로운 시장이 필요했기 때문에 동유럽과 손을 잡았지요.
두 지역의 경제 협력 이후 막대한 돈이 서유럽에서 동유럽으로 흘러들어갔어요.
그런데 2008년에 세계 금융 위기가 닥치자 형편이 어려워진 서유럽 국가들은 동유럽에게 빌려 준 돈을 갚으라고 했어요. 하지만 그동안 너무 많은 돈을 빌린 동유럽 국가들은 갚을 능력이 없어 국가적인 위기를 맞게 되었답니다.

세계은행(IBRD)

재건과 발전을 위한 국제 은행(International Bank for Reconstruction and Development), 즉 '국제 부흥 개발 은행'을 줄여 부르는 이름이에요. 국제 연합이 지휘하는 국제 금융 기관으로, 제2차 세계 대전 후 각국의 전쟁 피해 복구와 사회·경제 개발을 위해 1946년에 설립되었지요.

[세계은행의 역할]
- ✚ 가맹국의 정부 또는 기업에 돈을 빌려 주어요.
- ✚ 국제 무역의 확대와 국제 수지의 균형을 위해 노력해요.
- ✚ 개발 도상국에게 기술 원조를 제공해요.

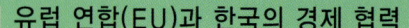
유럽 연합(EU)과 한국의 경제 협력

유럽 연합이 한국과 공식적으로 외교를 수립한 것은 1963년이지만, 그 이전인 1962년부터 한국에 투자하고 있어요. 한국도 1968년부터 유럽 연합에 투자하며 활발하게 경제 협력을 해 왔지요. 유럽 27개국의 공동 시장인 유럽 연합은 우리나라 제2의 수출 시장이에요. 그리고 중국, 일본, 미국에 이어 4번째로 큰 무역 대상국이랍니다.

＊쾌거(快擧): 통쾌하고 장한 행위.

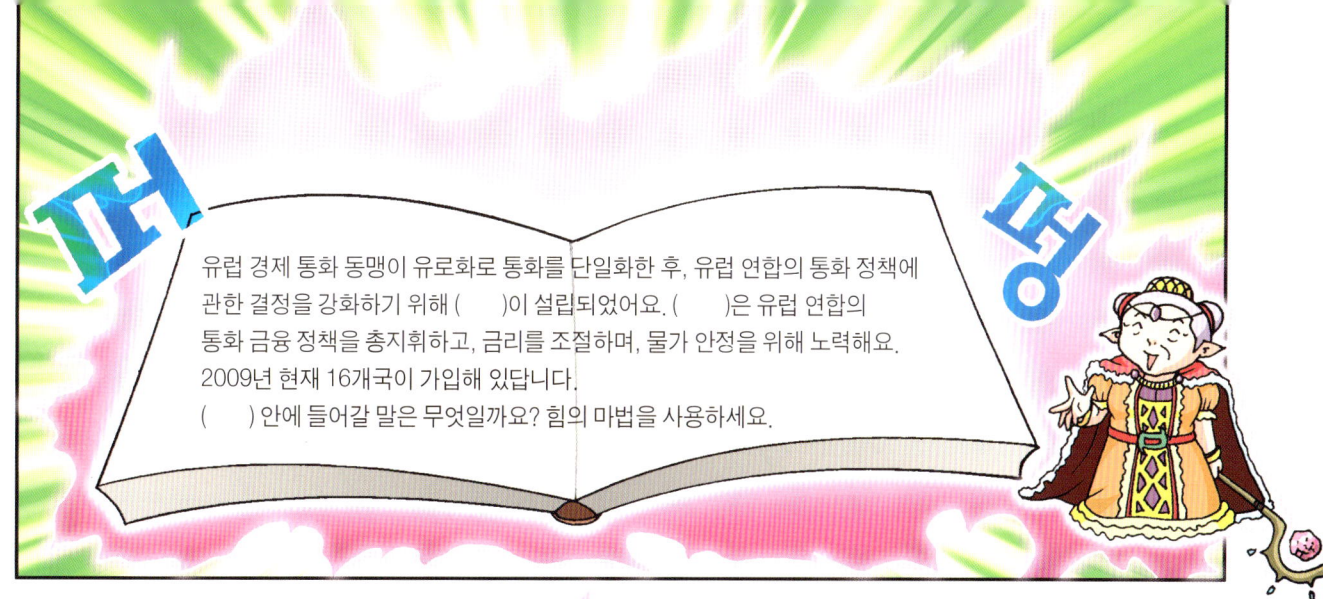

유럽 경제 통화 동맹이 유로화로 통화를 단일화한 후, 유럽 연합의 통화 정책에 관한 결정을 강화하기 위해 (　　)이 설립되었어요. (　　)은 유럽 연합의 통화 금융 정책을 총지휘하고, 금리를 조절하며, 물가 안정을 위해 노력해요. 2009년 현재 16개국이 가입해 있답니다.
(　　) 안에 들어갈 말은 무엇일까요? 힘의 마법을 사용하세요.

뭉크! 방금 잘생긴 대학생이 말한 거잖아. 머리 좀 써 봐!

그래, 맞다.

유럽 중앙은행!

뭐야? 뭉크가 답을 맞힌 거야?

모… 목걸이가….

이런 일이 벌어지다니….

말도 안 돼.

경제 공부방 ④

꼼꼼 따져 보면 쑥쑥 자라는 **경제 상식 노트**

▲ 남아메리카 국가들의 경제 블록인 남미 공동 시장(MERCOSUR)의 정상 회담

왜 나라 간에 경제적 마찰이 생기는 걸까요?

세계화가 진행되면서 나라 간에 서로 의존하는 관계가 심화되는 동시에 경제 마찰도 발생하고 있어요. 대표적으로 무역 마찰, 환경 관련 규제, 수자원 분쟁 등이 경제 마찰의 한 형태라고 할 수 있지요. 이러한 마찰이 생기는 원인은 크게 두 가지로 볼 수 있어요. 첫째는 신보호주의 경향 때문이에요. 상대 국가에는 시장 개방을 요구하면서 자국의 산업을 보호하기 위해서는 관세를 인상하거나 수입을 제한하는 조치를 취하는 경우이지요. 둘째는 경제 블록화 현상이 심해졌기 때문이에요. 경제 블록을 형성한 회원국끼리는 관세를 없애는 등 여러 경제적 혜택을 주고받지만, 비회원국에게는 경제적 장벽을 만들고 있답니다.

제2차 세계 대전과 경제 협력

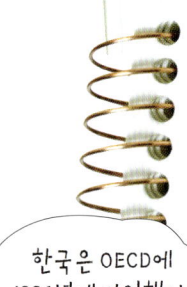

한국은 OECD에 1996년에 가입했어.

제2차 세계 대전이 끝났을 무렵 유럽의 각 나라들은 대부분의 생산 시설이 파괴되어 경제적으로 파산 상태에 있었어요. 이러한 유럽의 경제적 곤란을 타개하기 위해 당시 미국의 국무 장관이었던 마셜은 1946년 6월, 유럽의 경제 재건을 위해 미국이 원조를 해야 한다는 마셜 플랜을 발표하였어요. 이 성명에 따라 대규모 원조를 받아들인 유럽 각 나라는 유럽 경제 협력 기구(OEEC)를 출범시키게 되지요. 이후 1960년 12월, OEEC의 18개 회원국에 미국과 캐나다를 포함하여 OECD, 즉 경제 협력 개발 기구가 탄생하게 된답니다. 현재 OECD는 범세계적인 국제 경제 기구로서 큰 역할을 담당하고 있어요.

▲ 마셜 플랜을 제창한 미국의 국무 장관 조지 마셜

APEC의 후광 효과

▲ APEC 회의가 열렸던 '부산 누리 마루 APEC 하우스'

APEC은 '아시아·태평양 경제 협력체(Asia-Pacific Economic Cooperation)'의 약자로서 아시아·태평양 지역 총 21개 나라의 경제 협력 기구예요. 그런데 유독 APEC 회담이 열리는 장소는 유명한 관광지로 주목을 받는다고 해요. 국제 경제 회의가 열리면 관광지로서 큰 경제적 이익을 기대할 수 있어요. 잘 알려지지 않았던 지역도 단숨에 유명세를 탈 수 있거든요. 더구나 APEC 시장 내 인구 수는 20억이 넘어요. 국제회의를 개최한 지역으로 이름을 알리면 관광 사업이 번창해 고용이 증가하고 외화를 획득할 수 있어요. 또 개최 국가의 경제적 저력을 나타낼 수 있는 절호의 기회이기 때문에 많은 나라에서 회의 개최를 다투고 있지요.

2005년 11월에 부산에서 APEC 회의가 열렸지.

국제적인 경제 협력 기구의 탄생

▲ 1995년부터 WTO가 GATT를 대신하게 됨에 따라 한 직원이 GATT의 마크를 떼어 내고 있어요.

제2차 세계 대전이 끝날 무렵에는 세계 경제가 미국과 영국을 중심으로 움직이고 있었어요. 우리나라는 산업화가 채 시작되지도 않았고, 일본은 전쟁으로 인해 황폐화되어 있었지요. 세계 대전의 후유증이 어느 정도 가시고 세계 경제가 활기를 띠기 시작하자 무역과 해외 투자가 이루어지기 시작했어요. 당시만 해도 경제 협력에 대한 국제적인 기준이 없었기 때문에 무역 마찰과 분쟁이 자주 일어났어요. 이러한 과정을 겪으며 나라 간에 경제적인 협력 체계를 구축하고 그 기준을 세워야겠다는 생각을 하게 되었고, 이러한 생각은 여러 국제 기구들을 탄생시켰답니다.

대표적인 국제 경제 협력 기구가 WTO지.

감옥에 갇힌 여왕

동남아시아 국가 연합 : ASEAN

ASEAN은 동남아시아 국가 연합(Association of Southeast Asian Nations)을 줄여서 부르는 말이에요. 1961년에 말레이시아, 필리핀, 타이로 구성되었던 동남아시아 연합(ASA)을 바탕으로 1967년에 새롭게 결성된 국가 연합이에요. 결성 초기에 말레이시아, 필리핀 등 5개국이 가입하였으며, 이후 브루나이, 베트남 등 5개국이 차례로 가입함으로써 2009년 현재는 10개국이 가입해 있어요. 동남아시아 지역 내 교역과 안보를 위해 힘을 쏟고 있는 ASEAN은 EU의 경제 통합을 모델로 삼고 있어요. 2015년까지 동남아시아 국가들을 단일 경제 시장으로 만들기 위해 긴밀한 경제 협력을 강화하는 등 열심히 활동하고 있답니다.

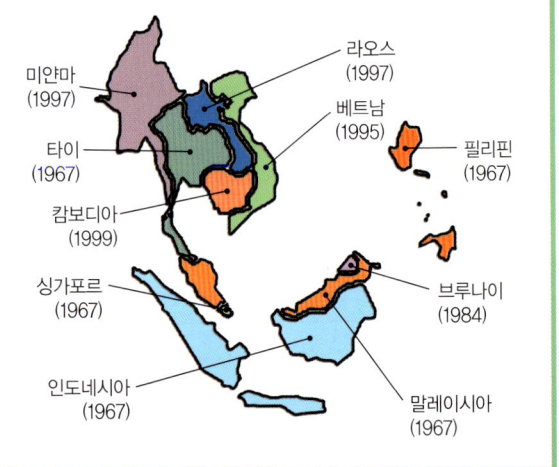

문화 한류에서 시작된 ASEAN의 경제 한류

ASEAN 나라들에서의 한류는 한국의 대중문화, 특히 드라마와 가요에서 시작되었어요. 한국 문화에 대한 애정과 관심은 한국 상품에 대한 동경으로 이어져 ASEAN 각국 시장에서는 LCD TV와 자동차를 비롯한 많은 한국 상품들이 판매 1, 2위를 차지하고 있답니다. 이러한 현상을 경제 한류라고 하지요. 경제 한류는 한국 문화의 힘일 뿐만 아니라 그동안 ASEAN과 긴밀하게 쌓아 온 경제 협력의 힘이라고 할 수 있어요.

▶ ASEAN 시장에서 잘 팔리는 한국 상품

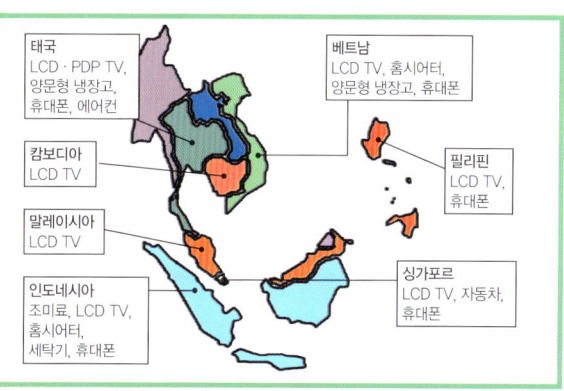

이코 마을을 구하라!

ASEAN과 한국의 경제 협력

한국과 ASEAN은 세계 경제 위기 속에서도 긴밀하게 경제 협력을 해 오고 있어요. 한국은 ASEAN을 상대로 석유 제품, 반도체, 선박 해양 구조물 및 부품 등을 수출하고, 반도체, 천연가스, 원유 등을 수입하여 2008년에는 84억 흑자 무역을 달성했답니다.

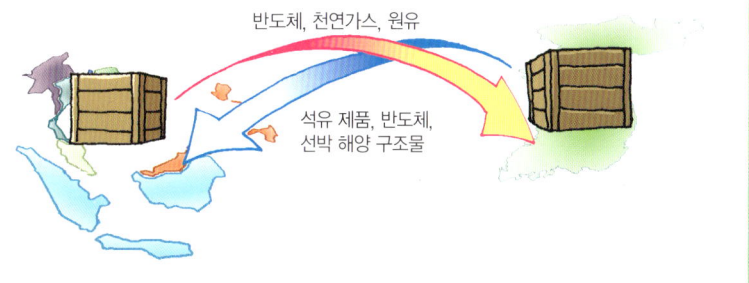

( )는 1990년대 말부터 아시아 지역에서 생겨난 한국 대중문화 열풍을 일컫는 말이에요. 1996년에 중국으로 한국의 드라마와 가요가 수출되면서 처음 생겨났지요. 이후 ( ) 열풍은 동남아시아 전역으로 확산되었으며, 가까운 나라 일본에도 큰 영향을 끼쳤어요. 처음에 대중문화 분야에서 시작된 ( )는 이제 김치, 고추장, 라면 등 한국 음식과 가전제품까지 메이드 인 코리아(MADE IN KOREA)를 선호하는 경제적인 현상으로 번지고 있어요. 나아가 한국인과 한국 자체에 매력을 느껴 직접 한국을 찾는 관광객도 늘고 있답니다.

( ) 안에 들어갈 말은 무엇일까요?

*통과 의례(通過儀禮): 새로운 단계로 넘어갈 때 겪어야 할 의식을 통틀어 이르는 말.

교과서 속 경제가 보여요

사회 4학년 1학기
2. 우리 시·도의 발전하는 경제

사회 5학년 2학기
1. 우리나라의 경제 성장

사회 6학년 2학기
2. 함께 살아가는 세계

경제 협력이란?

경제 발전을 위해 나라 간에 서로 돕는 것을 말해요. 좁은 뜻으로는 자본과 기술을 통한 협력을 가리키며, 넓은 뜻으로는 무역에 의한 협력까지 포함하고 있어요.

▲ 2009년 7월 서울에서 열린 OECD 국제 재정 포럼

제2차 세계 대전 후 경제 협력은 주로 국제기구를 통해 이루어졌어요. 이는 국제 부흥 개발 은행(IBRD), 국제 통화 기금(IMF), 관세 및 무역에 관한 일반 협정(GATT) 등 3개 기구에 의해 주도되었으며, 나라 간 무역의 확대와 세계 경제의 균형 있는 성장을 목표로 하였지요.

그 후 개발 도상국의 경제 개발에 대한 국제 협력의 중요성이 강화되면서 국제 금융 공사(IFC), 국제 개발 협회(IDA) 등이 설립되어 개발 도상국에 대한 원조가 강화되었어요. 또 1961년에는 경제 발전과 세계 무역 촉진을 위한 선진국들의 경제 협력 기구인 경제 협력 개발 기구(OECD)가 발족하였어요.

1996년 OECD에 가입한 우리나라는 미국과 일본 중심의 경제 협력 패턴에서 탈피해 중동 및 아프리카 지역, 아세안 등 동남아시아 각국, 그리고 중남미 지역 등과의 경제 협력을 강화하고 있지요.

▲ 홍콩에 있는 국제 금융 센터(IFC) 건물

IBRD와 IMF의 차이점

IBRD(International Bank for Reconstruction and Development)는 국제 부흥 개발 은행으로 국제 연합 산하의 금융 기관이에요. 경제적 어려움에 처한 국가와 공기업에 자금을 대출해 주지요.

IMF(International Monetary Fund)는 국제 통화 기금으로, 세계 무역 안정화를 위해 설립한 국제 금융 기구예요.
환율과 국제 수지를 감시함으로써 국제 금융 체계를 감독하지요.

IBRD와 IMF는 둘 다 1945년에 설립되었고, 본부는 미국의 워싱턴 D.C.에 있어.

왜 경제 협력을 하나요?

우리가 이웃과 서로 협조하며 교류하지 않고서는 살아갈 수 없는 것과 같이 국가도 국제 사회를 떠나 고립된 상태로는 살아가기 힘들어요.

오늘날의 국제 사회는 교통과 통신 등 정보 산업의 발달과 경제 및 문화의 교류 증대로 지역 간의 거리가 좁아지고 하나의 지구촌으로 변해 가고 있답니다. 그러나 동시에 인류 생존을 위협하는 핵 문제와 환경 문제, 종교와 민족의 갈등과 분쟁, 자원의 개발과 무역을 둘러싼 이해의 대립 등 해결해야 할 국제 문제가 수없이 많아요.

이러한 문제들을 원만하게 해결하고 인류가 평화적으로 공존하며 번영하기 위해서는 그 어느 때보다 상호 협력이 절실히 필요해요.

특히 우리나라는 지리적인 위치와 분단국가라는 특수한 상황 때문에 국제적인 협력이 어떤 나라보다 더욱 절실한 상황이에요.

▲ 1950년 한국 전쟁 때에도 세계 많은 나라가 참전했어요.

세계 평화와 국제 협력

세계의 여러 나라들은 경제뿐만 아니라 환경과 기아, 인권 문제 등에서도 협력해요. 전쟁이나 내전이 발해 중대한 인권 침해 사태가 생기면 국제적인 행동을 통해 이를 제지하고, 지구 온난화 문제를 해결하기 위해서도 국제 환경 기준을 세우는 등 조치를 취하지요. 이처럼 지구에 사는 모든 사람들은 공동 운명체로서 세계에서 일어나는 일에 대해 함께 힘을 모아 해결해 나간답니다.

모두가 함께 잘살기 위한 거야.

경제 협력 개발 기구, OECD

경제 발전과 세계 무역 촉진을 위해 발족한 국제기구예요. 제2차 세계 대전 후 미국의 유럽 부흥 계획을 수용하기 위해 서유럽 국가를 중심으로 1948년 유럽 경제 협력 기구(OEEC)가 발족하였어요. 이 기구를 기반으로 여러 경제 기구를 통합하여 1961년에 OECD가 탄생하였지요. 현재 30개국의 회원국으로 구성된 OECD는 경제·사회 문제에 대한 각 나라 간 정책을 조정하고, 최선의 방향을 모색함으로써 함께 번영할 수 있는 방법을 모색하고 있어요.

OECD의 정책 방향은 경제 성장과 고용 확대로 생활 수준을 향상시키고, 무역·경제 체제를 마련하며, 저개발 국가의 개발을 돕는 것을 기본으로 하고 있어요.

▲ OECD의 휘장

유럽 자유 무역 연합

(EFTA : European Free Trade Association)
유럽 공동체(EC)를 제외한 서유럽의 지역 경제 기구예요. 아이슬란드, 리히텐슈타인, 노르웨이, 스위스 등 4개국으로 구성되어 있으며, 본부는 스위스의 제네바에 있어요.

라틴 아메리카 통합 연합

(ALADI : Asociación Latino-Americana de Integración)
중남미 지역의 경제 통합을 추진하기 위해 만든 지역 기구예요. 2009년 현재 12개국이 가입되어 있으며, 본부는 우루과이의 몬테비데오에 있어요.

한국과 EFTA가 맺은 FTA는 2006년에 발효되었지.

▲ 2007년 6월 울산에서 열린 기후 변화 협약 국제회의

국가 간 협력 중에서도 경제 분야의 협력은 그 중요성이 날로 커지고 있어요. 세계 각 나라들은 지역이나 이해관계에 따라 블록을 형성하고 경제권을 형성해 더 큰 힘을 발휘하고 있어요.

경제 협력은 나라의 미래와 직접적인 연관성을 갖고 있어요. 따라서 다른 나라들과 경제적으로 협력하여 각자 장점을 살리고 부족한 점은 도우면서 서로의 효율성을 키워 나가야 해요.

경제 연합과 경제 통합

지역 경제 통합이란 한 지역 내의 여러 국가들이 무역 장벽을 철폐하고 재화와 서비스, 생산 요소의 자유로운 이동을 보장하는 것을 말해요. 경제 통합의 유형은 자유 무역 지대, 관세 동맹, 공동 시장, 경제 연합, 정치 연합 등이 있는데, 위에 나열한 순서대로 그 범위가 넓어지지요.

자유 무역 지대 : free trade area

일정한 지역 내에 있는 국가들 간에 각종 무역 장벽을 없애고, 비회원국에 대해서는 나라마다 독자적인 무역 규제를 하는 것을 말해요. 이론적으로 자유 무역 지대에 참여하는 국가 간에는 어떠한 유형의 차별적인 관세나 수입 할당, 보조금 또는 행정적인 규제가 없지요.

▲ 2007년 6월 리히텐슈타인에서 열린 유럽 자유 무역 연합 회의

자유 무역 지대는 각국이 독자적인 관세를 정하기 때문에 경제 통합의 결속력이 약한 편이에요. 유럽 자유 무역 연합과 라틴 아메리카 통합 연합이 대표적인 자유 무역 지대랍니다.

관세 동맹 : customs union

자유 무역 지역에서 한걸음 더 나아가 회원국 간에 무역 장벽을 없애는 것과 동시에 비회원국에 대해서도 공통의 관세 정책을 취하는 것을 말해요. 유럽 연합도 관세 동맹으로 출발해 현재와 같은 형태로 발전해 온 것이지요.

관세 동맹은 부분적인 경제 통합 형태로서 자유 무역 지역과 공동 관세 제도를 서로 보완하여 결합한 형태랍니다.

공동 시장 : common market

관세 동맹보다 조금 더 발전한 것으로 무역 및 외환에 관한 협정을 통해 여러 나라가 하나의 새로운 광역 경제권을 결성한 후, 상품 및 생산 요소의 이동을 국내 시장처럼 자유롭게 보장하려는 것이에요.

▲ 1993년에 열린 한-EC 각료 회의

공동 시장의 대표적인 예로 EC(유럽 공동체)가 있어요. 구성 국가 간에 노동자와 자본이 자유롭게 이동할 수 있으므로 이민과 국외 취업, 자본의 해외 이전 등이 완전히 자유롭지요. 유럽은 EC를 더욱 발전시켜 완전한 경제 연합 단계에 이르렀지요. EC 외에는 아직 공동 시장의 단계에 이른 지역 경제 통합을 찾아보기 어려워요.

경제 연합 : economic union

공동 시장보다 더 발전된 형태로서 공통의 통화를 갖고, 구성 국가 간의 세율도 동일하게 적용하며, 공통의 재정 금융 정책을 펼치는 단계

세계의 주요 경제 블록

- **SACU** : 남아프리카 관세 동맹. 1969년 출범. 남아프리카 공화국, 보츠와나, 레소토, 나미비아, 스와질란드 등 5개국
- **MERCOSUR** : 남미 공동 시장. 1991년 출범. 브라질, 아르헨티나, 파라과이, 우루과이 등 4개국
- **NAFTA** : 북미 자유 무역 협정. 1994년 출범. 미국, 캐나다, 멕시코 등 3개국

세계 경제는 점점 지역화, 블록화되고 있어.

WTO가 GATT와 다른 점

1. 분쟁 해결 기구를 통해 준사법적 기능을 가져요.
2. 정식 국제기구로 하위 기구를 두어 국제 규범을 관장해요.
3. 다수결 원칙의 의사 결정 방식으로 신속한 합의 도출이 가능해요.

를 말해요. 경제 연합 단계의 경제 협력을 이루기 위해서는 전체적으로 총괄할 수 있는 행정부가 필요하며, 이에 따라 각국이 자신의 권리를 어느 정도 포기해야 한답니다. 현재 경제 연합 단계에 있는 경제 통합체는 유럽 연합(EU)이 세계에서 유일하답니다.

▲ 2009년 3월 유럽 연합 정상 회담에 참석한 각국 정상

정치 연합

경제 연합 단계인 유럽 연합은 현재 유럽 단위의 행정부를 갖고 있으며 유럽 전체의 의회와 사법부도 갖고 있어요. 이들이 단일한 행정부, 의회, 군사적인 조직체까지 갖추게 되면 유럽은 그야말로 하나의 국가로 재탄생하게 된답니다.

반드시 GATT는 어떤 결정을 내릴 때, 만장일치여야 했거든.

경제 협력의 빛과 그림자 - 나프타

나프타(NAFTA)는 북미 자유 무역 협정의 줄임말로 미국과 캐나다, 멕시코 3국이 관세 및 무역 장벽을 폐지하고 단일 시장으로 통합하고자 맺은 협정이에요. 이 협정의 주요 내용은 상품과 서비스의 교역, 투자 및 지적 재산권에 관해 자유 무역을 시행한다는 것이지요. 해당 3국 간에는 품목별로 단계를 거쳐 관세를 철폐하며, 최종적으로 완전히 철폐하는 것을 목표로 하고 있어요.

나프타는 미국의 자본과 기술, 캐나다의 자원, 그리고 멕시코의 노동력을 결합해 국제 시장에서 막강한 경쟁력을 갖추고, 지역 경제를 크게 성장시킬 것이라고 기대되었어요. 하지만 미국 기업이 멕시코로 이동하면서 미국에서는 실업이 늘어났고, 멕시코에서는 환경 오염이 심해지고 노동 조건이 악화되는 등 문제가 발생해 나프타에 반대하는 목소리도 커지고 있어요.

경제 협력의 장단점

장점

첫째, 다른 나라에게서 경제적인 도움을 받음으로써 국가 경제가 더욱 균형 잡힌 모습으로 발전할 수 있어요.

둘째, 무역을 통해 국민의 만족감이 늘어나요.

▲ 1975년 농어촌 급수 시설 개량 사업을 위해 세계 식량 계획 기구와 우리나라가 맺은 달러 원조 협정

경제 협력을 하는 나라들 사이에는 풍족한 상품은 해외로 수출하고, 부족한 상품은 수입해요. 경제 협력을 통해 수출이 확대되고 수입품을 더 저렴하게 이용할 수 있게 되면 국민의 편리성이 증가한답니다.

셋째, 세계화를 통한 글로벌 스탠더드가 형성되어 정치 및 사회적 발전이 수반되지요. 무역과 교류를 통해 세계와 더 가까워지고, 정보가 유통됨으로써 국제적으로 기준이 되는 마인드를 갖출 수 있게 된답니다.

단점

첫째, 처음에 경제 협력이 잘 성사되었다 하더라도 이후 나라 경제에 이익이 되지 않으면 협력 상태가 깨질 수도 있어요. 그렇게 되면 나라 사이에 갈등과 대립이 발생할 수 있지요.

둘째, 나라 간에 빈익빈 부익부를 초래할 수 있어요. 경제 협력을 맺을 때는 강대국의 입김이 강하게 작용하여 강대국에 유리하도록 만들어질 수 있지요. 그렇게 되면 국가 간 빈익빈 부익부 현상이 심화되어 강대국은 더욱 부유해지고, 약소국은 더욱 가난해지는 결과를 낳을 수 있답니다.

▲ 북미 자유 무역 협정(NAFTA)에 반대하는 멕시코 국민들의 시위

> **우리나라의 국제 원조**
>
> 일제 식민지 시대와 한국 전쟁을 거치면서 우리나라의 살림살이는 매우 어려웠어요. 식량, 기술, 자본 등에 대한 국제 사회의 대대적인 원조로 어려운 시절을 극복하고 경제 발전을 이룰 수 있었답니다.
>
> 하지만 현재 우리나라는 경제 규모에 비해 국제 원조는 인색하다는 평가를 받고 있어요. 과거 우리가 어려웠던 시절을 기억하며 현재의 위상에 걸맞게 대외 원조를 확대해 나가야겠어요.

"우리가 받은 만큼 이제 국제 사회에 돌려줘야 해."

브레턴우즈 체제

제2차 세계 대전이 끝난 후 미국 뉴햄프셔 주의 브레턴우즈에서 각국의 대표들이 모여 국제 통화 제도에 관한 협정을 맺었어요. 미국의 달러를 국제 거래의 기본 화폐로 하고, 금본위제를 주창했지요. 하지만 베트남 전쟁 이후 미국의 국제 수지 적자가 심해져 당시 미국 대통령 닉슨이 금본위제 정지를 선언하면서 붕괴되었어요.

이 협정으로 국제 통화 기금(IMF)과 국제 부흥 개발 은행(IBRD)이 탄생했지.

세계의 주요 경제 협력 기구

아시아·태평양 경제 협력체 : APEC

1989년 11월 오스트레일리아의 수도 캔버라에서 한국, 미국, 오스트레일리아, 캐나다, 뉴질랜드, 일본, 동남아시아 국가 연합 등 12개국이 참여해 1차 회의가 열렸어요.
APEC은 현재 21개국이 참여하고 있으며, 참여국들 간의 경제 협력과 무역 자유화를 목표로 하고 있어요.

▲ APEC의 로고

동남아시아 국가 연합 : ASEAN

동남아시아 지역의 경제 성장과 평화, 안전을 도모하기 위해 1967년에 설립된 국제기구예요. 인도네시아, 말레이시아, 필리핀, 싱가포르 등 10개국으로 이루어져 있지요.
경제 협력을 통해 동남아시아 지역의 경제적·사회적 기반을 확립하고 각 분야에서 평화적이며 진보적인 생활 수준의 향상을 목표로 하고 있어요.

▲ ASEAN의 로고

유럽 연합 : EU

제2차 세계 대전이 끝난 후 유럽 각국 간의 화해와 협력을 위한 통합 운동의 과정에서 시작되었어요. 2009년 현재 회원국은 27개국이며 유럽의 정치적·경제적 통합을 목적으로 출범한 연합 기구예요. 회원국 간의 관세 장벽을 철폐하고, 통화를 단일화하였지요.

▲ EU의 깃발

남북 경제 협력

통일을 대비하고 남한과 북한의 경제를 균형적으로 발전시키기 위한 남북한의 경제 협력이에요. 2000년 남북 정상 회담에서 민간 교류의 확대를 위한 제도적인 틀을 마련한다는 원칙에 합의한 후 본격적으로 시작되었지요. 남과 북은 서로 합의한 바에 따라 경의선 철도 연결과 개성 공단 건설, 식량과 비료 등 대북 지원 등을 추진하였어요.

2007년 제2차 남북 정상 회담에서는 '남북 관계 발전과 평화 번영을 위한 선언'을 발표했어요. 군사적 적대 관계 종식을 위한 협력과 불가침 의무 준수, 서해 평화 협력 특별 지대 설치, 백두산-서울 간 직항로 개설, 안변·남포 조선 협력 단지 건설 등을 합의했지요.

▲ 2007년 남북 정상 회담

남과 북의 경제 협력, 개성 공단

북한의 토지와 인력, 남한의 자본과 기술을 결합해 황해북도 개성시에 조성한 공업 단지예요. 2010년에 공단을 완공하면 연 150억 달러 이상을 생산해 낼 것으로 기대하고 있어요.
개성 공단은 분단과 대결의 벽을 허물고 화해와 협력으로 통일을 향해 나가는 실험의 장이라고 할 수 있답니다.

앞으로 동북아 평화와 번영의 토대가 될 소중한 경제 협력의 산물이야.

남북이 경제 협력을 하면 무엇이 좋을까?

한반도에 평화가 정착되면 전쟁 위험이 없어져 경제가 더욱 안정적으로 발전할 수 있어요. 남북이 경제 협력을 하면 우리의 경제 환경이 개선되고, 경제적 안정성이 높아져 외국 기업의 국내 투자가 늘어나요.

또 앞으로 다가올 통일도 경제 협력으로 준비할 수 있어요. 남과 북 사이에 경제 활동이 이루어지고, 남한 기업의 북한 투자가 활성화되어 북한 경제가 스스로 성장할 수 있는 바탕이 마련된다면 갑자기 통일이 되더라도 경제가 불안해지거나 부담이 될 염려가 없어요.

북한은 시장 경제가 자리 잡지 못한 사회예요. 경제 협력을 통해 남한의 상품이 북한에서 팔리고 소비된다면 다른 나라의 상품보다 경쟁력을 갖게 되지요. 북한과 남한이 서로 평화롭게 공존하며 경제 발전을 이루기 위해서는 더디더라도 꾸준한 경제 협력이 반드시 필요하답니다.

▲ 남한의 기술, 자본과 북한의 토지, 노동력이 결합된 남북 경제 협력의 결과물, 개성 공단